This journal belongs to

....

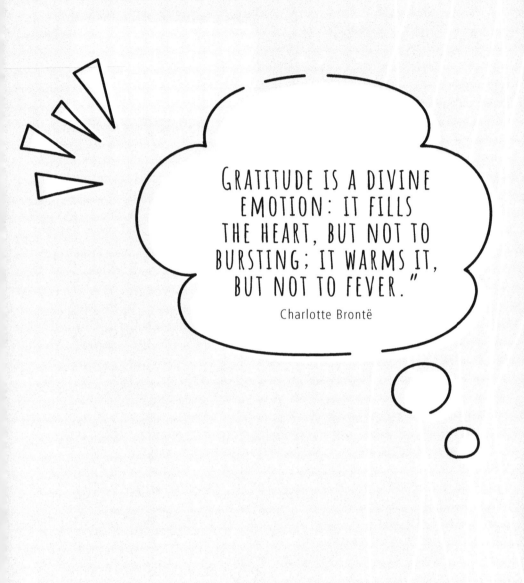

WHAT WOULD YOU GET IF YOU CROSSED A
GRATITUDE JOURNAL WITH A BOOK OF
WRITING PROMPTS ABOUT YOUR EVERYDAY LIFE?

THIS. YOU WOULD END UP RIGHT HERE.
(WELCOME, BY THE WAY!)

BY PAYING ATTENTION TO THE LITTLE THINGS,
YOU'LL SEE THEY'RE NOT SUCH LITTLE THINGS.
IF YOU SPEND A MINUTE OR TWO EACH DAY
JOTTING DOWN THE MEMORIES, EMOTIONS,
PEOPLE, AND EVENTS THAT COME TO MIND,
YOU'LL END UP WITH A JOURNAL KEEPSAKE
FULL OF MOMENTS THAT MATTER.

AND YOU WILL FIND YOUR HEART
FILLED TO OVERFLOWING WITH GRATITUDE
FOR ALL THAT YOU HAVE.

Work through this journal in any order you want. Straight through, front to
back—or hop, jump, and skip through until a prompt jumps out at you. Either
way, this journal fulfills the same purpose. Use the interspersed lined page
for observations or to expand your journaling. Designed to be flexible and
fun, this journal is nothing more than a canvas for your life, your thoughts,
your thankfulness.

WHAT MADE ME SMILE TODAY

Date __ / __ / __

ONE THING
I WANT TO REMEMBER

Date __ / __ / __

....

....

....

....

....

....

....

....

....

A PERFECTLY ORDINARY THING THAT HAPPENED TODAY

Date __ / __ / __

....

....

....

....

....

....

....

....

I'M THANKFUL FOR

Date __ / __ / __

A CONVERSATION TO REMEMBER

....
....
....
....
....
....
....

SOMETHING I'M LOOKING FORWARD TO

PEOPLE I'M THANKFUL FOR

Date __ / __ / __

PERFECTLY ORDINARY MOMENTS I'M THANKFUL FOR

Date __ / __ / __

....

....

....

....

....

....

....

....

....

Date __ / __ / __

....

....

....

....

....

....

....

....

....

Date __ / __ / __

Date __ / __ / __

Date __ / __ / __

ONE GOOD THING
FROM TODAY

Date __ / __ / __

....

....

....

....

....

....

....

....

REMEMBER THAT TIME THAT MADE YOU SMILE?

(Tell yourself a story)

A QUOTE THAT MAKES ME HAPPY

Date __ / __ / __

A PERSON WHO'S ENCOURAGED ME

A THANKFUL LETTER

Date __ / __ / __

Tell someone who isn't in your life anymore (whether you've lost touch or they've gone on to the next life) how grateful you are for something they did, how they made you feel, or for who they helped you become.

....

....

....

....

....

....

....

....

....

....

....

....

....

....

....

....

WHAT
MADE
ME
SMILE
TODAY

Date __ / __ / __

"APPRECIATION IS A WONDERFUL THING.
IT MAKES WHAT IS EXCELLENT
IN OTHERS BELONG TO US AS WELL."

Voltaire

DOODLE

A MEMORY I'M GRATEFUL FOR

Date __ / __ / __

TODAY I ☐ LAUGHED ☐ CRIED ☐ FELT LOVE BECAUSE ...

....

....

....

....

....

....

....

Date __ / __ / __

....

Date __ / __ / __

WHAT MAKES MY HEART SING

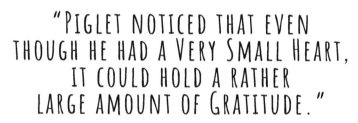

"Piglet noticed that even
though he had a Very Small Heart,
it could hold a rather
large amount of Gratitude."

A.A. Milne

Three beautiful things I saw today

....

....

....

....

Date __ / __ / __

....

....

....

....

....

....

....

....

ONE THING I LEARNED TODAY
about myself | about life | about someone I love

Date __ / __ / __

MY FAVORITE THINGS ABOUT
FAMILY

Date __ / __ / __

....

....

....

....

....

....

....

....

....

Date __ / __ / __

FIVE OF THE MOST BEAUTIFUL PLACES I'VE EVER BEEN:

....

....

....

....

....

"THE WORLD HAS ENOUGH BEAUTIFUL
MOUNTAINS AND MEADOWS,
SPECTACULAR SKIES AND SERENE LAKES.
IT HAS ENOUGH LUSH FORESTS,
FLOWERED FIELDS, AND SANDY BEACHES.
IT HAS PLENTY OF STARS
AND THE PROMISE OF A NEW SUNRISE
AND SUNSET EVERY DAY.
WHAT THE WORLD NEEDS MORE OF
IS PEOPLE TO APPRECIATE
AND ENJOY IT."

Michael Josephson

PERFECTLY ORDINARY MOMENTS I'M THANKFUL FOR

Date __ / __ / __

....

....

....

....

....

....

....

....

Date __ / __ / __

....

....

....

....

....

....

....

....

Date __ / __ / __

Date __ / __ / __

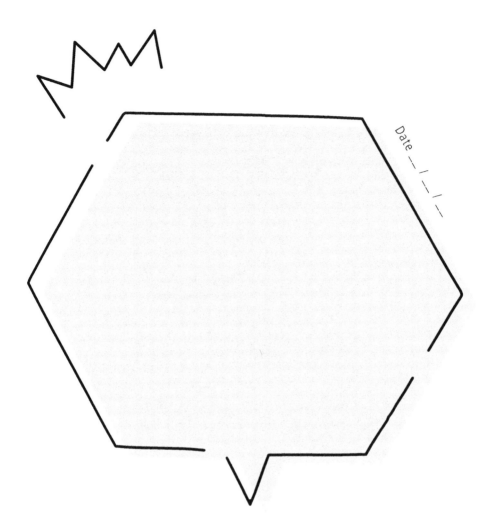

GIVE THANKS FOR SOMEONE
ELSE'S ACHIEVEMENTS

"IN LIFE, ONE HAS A CHOICE TO TAKE
ONE OF TWO PATHS: TO WAIT FOR
SOME SPECIAL DAY--OR TO CELEBRATE
EACH SPECIAL DAY."

Rasheed Ogunlaru

WHAT I LOVE ABOUT MY LIFE

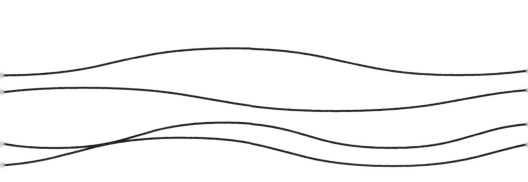

WHAT I AM GRATEFUL FOR IN THIS MOMENT

Date __ / __ / __

....

....

....

....

....

"Let us be grateful to the people who make us happy; they are the charming gardeners who make our souls blossom."

Marcel Proust

I'M GRATEFUL FOR PEOPLE
WHO MAKE ME WANT TO BE BETTER.
In each space, write a person's name and
how they inspired you

Date __ / __ / __

DOODLE

> "THE ONLY PEOPLE WITH WHOM YOU
> SHOULD TRY TO GET EVEN ARE
> THOSE WHO HAVE HELPED YOU."
>
> John E. Southard

TODAY I GIVE
THANKS FOR

MY MOST
INFLUENTIAL
MENTOR

MY MOST
ENCOURAGING
FRIEND

OR MY
FAVORITE
TEACHER

Date __ / __ / __

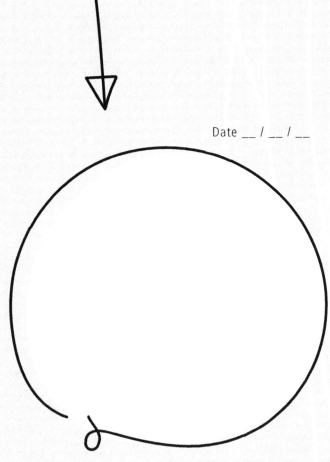

TODAY I ❏ LAUGHED ❏ CRIED ❏ FELT LOVE BECAUSE ...

....
....
....
....
....
....
....
....

Date __ / __ / __

AN ORDINARY AND BEAUTIFUL MOMENT
I WANT TO REMEMBER

Date __ / __ / __

There's nothing like laughter

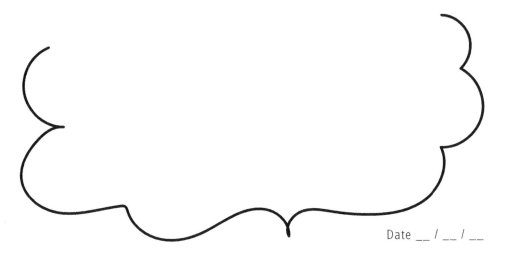

Date __ / __ / __

The funniest person in my life

Date __ / __ / __

....

....

....

....

....

....

....

....

"WE CANNOT CURE
THE WORLD OF SORROWS,
BUT WE CAN
CHOOSE TO LIVE IN JOY."

Joseph Campbell

Date __ / __ / __

THE LAST TIME I CRIED
HAPPY TEARS

Current Favorites

Date __ / __ / __

Song

Musician/Band

Movie/TV show

Book

Podcast

Food & Drink

"For me,
every hour is grace.
And I feel
gratitude in my heart
each time I can meet
someone and
look at his or
her smile."

Elie Wiesel

PERFECTLY ORDINARY MOMENTS I'M THANKFUL FOR

Date __ / __ / __

....

....

....

....

....

....

....

....

Date __ / __ / __

....

....

....

....

....

....

....

....

Date __ / __ / __

Date __ / __ / __

Date __ / __ / __

ONE GOOD THING
FROM TODAY

Date __ / __ / __

REMEMBER YOUR BEST BIRTHDAY · · · · · ▼

A SWEET MEMORY WITH A CHILD

ONE WISH / DREAM / HOPE THAT CAME TRUE

Date __ / __ / __

I'M GRATEFUL FOR THESE SKILLS AND TRAITS

Date __ / __ / __

....
....
....
....
....
....
....
....
....

SOMEONE WHO WAS KIND TO ME

Date __ / __ / __

"THANKFULNESS MAY CONSIST MERELY OF WORDS. GRATITUDE IS SHOWN IN ACTS."

Henri Frederic Amiel

WHAT MAKES MY SOUL REJOICE

Date __ / __ / __

"When we focus
on our gratitude,
the tide of
disappointment
goes out and the
tide of love
rushes in."

Kristin Armstrong

I'M GRATEFUL FOR
SILVER LININGS...

Date __ / __ / __

I'M GRATEFUL FOR **CHANGE**

Date __ / __ / __

....

....

....

....

....

....

PERFECTLY ORDINARY MOMENTS I'M THANKFUL FOR

Date __ / __ / __

....

....

....

....

....

....

....

....

Date __ / __ / __

....

....

....

....

....

....

....

....

Date __ / __ / __

Date __ / __ / __

PEOPLE I'M THANKFUL FOR

Date __ / __ / __

A FRONTLINE WORKER

A MEDICAL PROFESSIONAL

A CAREGIVER

A DELIVERY PERSON

A TRUCK DRIVER

A RESTAURANT WORKER

A CUSTOMER SERVICE EMPLOYEE

SOMEONE WHO SMILED AT ME TODAY

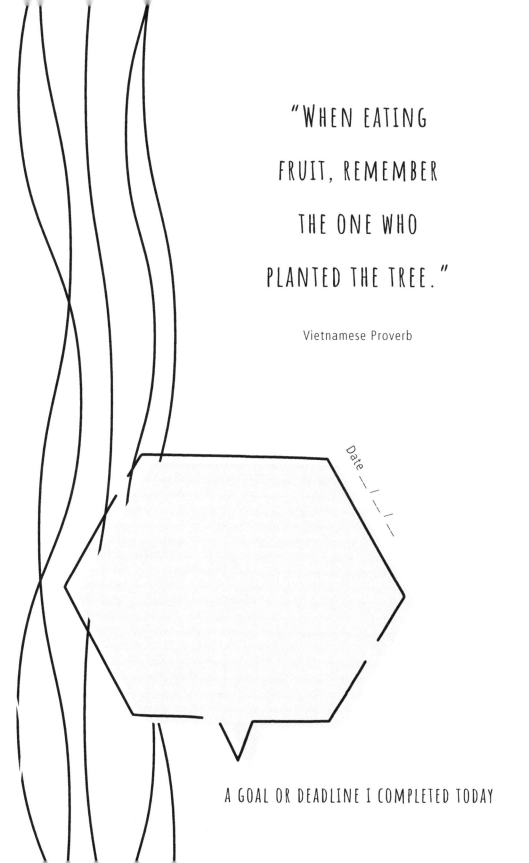

"WHEN EATING FRUIT, REMEMBER THE ONE WHO PLANTED THE TREE."

Vietnamese Proverb

Date __ / __ / __

A GOAL OR DEADLINE I COMPLETED TODAY

DOODLE

I'M GRATEFUL FOR MY
FAITH

....
....
....
....
....
....
....

Date __ / __ / __

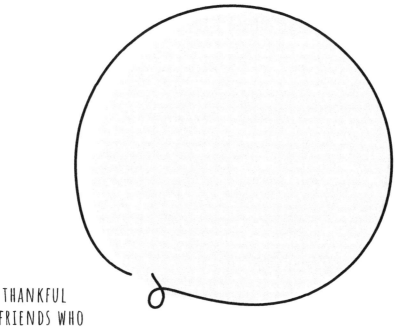

I'M THANKFUL
FOR FRIENDS WHO
CHALLENGE ME

Date __ / __ / __

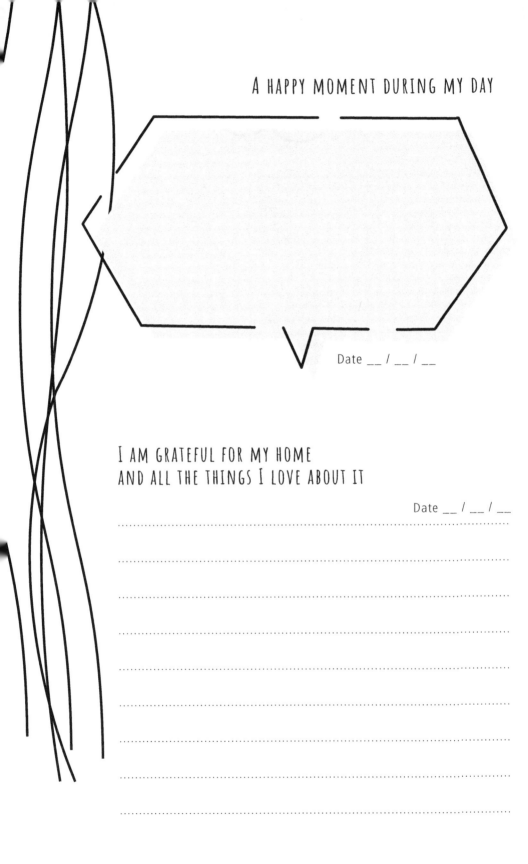

A HAPPY MOMENT DURING MY DAY

Date __ / __ / __

I AM GRATEFUL FOR MY HOME
AND ALL THE THINGS I LOVE ABOUT IT

Date __ / __ / __

Date __ / __ / __

....

....

....

....

....

....

....

....

I'M THANKFUL FOR

Date __ / __ / __

I'M GRATEFUL
FOR THE EXPERIENCES, PEOPLE, AND CIRCUMSTANCES
THAT MADE ME WHO I AM TODAY

Date __ / __ / __

"WHAT SEPARATES
PRIVILEGE FROM
ENTITLEMENT IS
GRATITUDE."

Brené Brown

WHERE I SAW THE HAND OF GOD TODAY
Date __ / __ / __

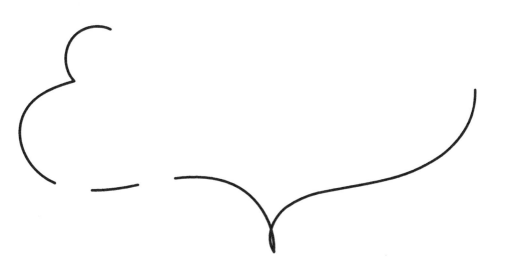

PERFECTLY ORDINARY MOMENTS I'M THANKFUL FOR

Date __ / __ / __

....

....

....

....

....

....

....

....

Date __ / __ / __

....

....

....

....

....

....

....

....

Date __ / __ / __

Date __ / __ / __

AN ORDINARY AND BEAUTIFUL MOMENT
I WANT TO REMEMBER

Date __ / __ / __

A SPECTACULAR AND UNUSUALLY
BEAUTIFUL MOMENT

Date __ / __ / __

Date __ / __ / __

I'M GRATEFUL FOR FRESH STARTS AND NEW BEGINNINGS

"IT'S ALL ABOUT THE GRATITUDE."
Sherry Boyle

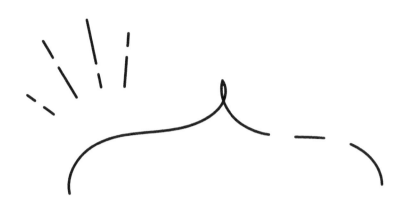

"Not what we say
about our blessings,
but how we use them,
is the true measure
of our thanksgiving."

W.T. Purkiser

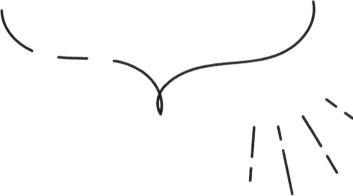

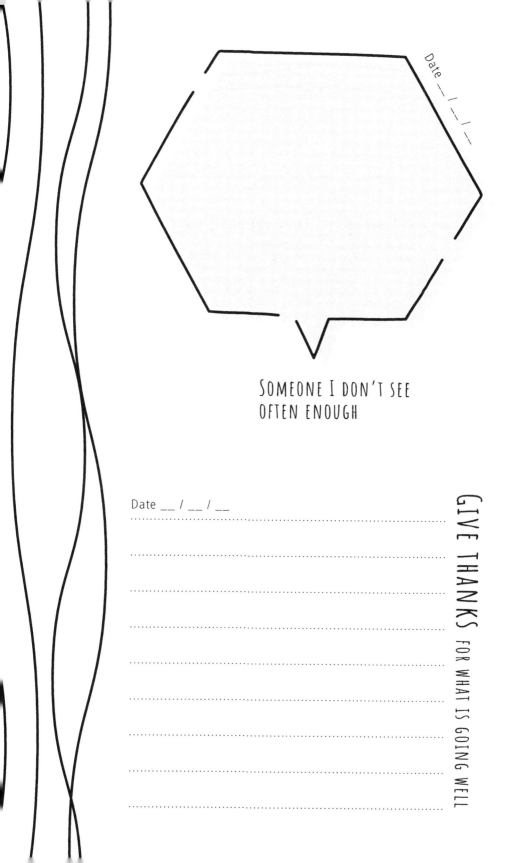

Date __ / __ / __

SOMEONE I DON'T SEE
OFTEN ENOUGH

Date __ / __ / __

GIVE THANKS FOR WHAT IS GOING WELL

Date __ / __ / __

REASONS WHY I LOVE THE AGE I AM RIGHT NOW

....

....

....

....

....

"GRATITUDE IS RICHES. COMPLAINT IS POVERTY."

Doris Day

• • • • ▶

I'M GRATEFUL FOR THESE SKILLS AND TRAITS

Date __ / __ / __

1
....

2
....

3
....

4
....

5
....

I'M GRATEFUL FOR
FORGIVENESS

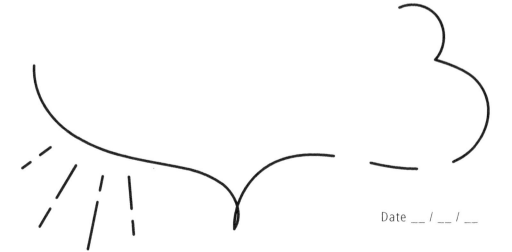

Date __ / __ / __

Date __ / __ / __

MY HAPPY PLACE

Date __ / __ / __

Joy is what happens to us when we allow ourselves to recognize how good things really are."

Marianne Williamson

WHAT MADE ME SMILE TODAY

Date __ / __ / __

ONE THING THAT HAPPENED TODAY
THAT I WANT TO REMEMBER

Date __ / __ / __

....

....

....

....

....

....

....

....

Date __ / __ / __

....

....

....

....

....

....

....

I'M GRATEFUL FOR MY HEALTH

Date __ / __ / __

DOODLE

"IF THE ONLY PRAYER

YOU SAID WAS

THANK YOU,

THAT WOULD BE

ENOUGH."

Meister Eckhart

Date __ / __ / __

....

....

....

....

....

....

....

Date __ / __ / __

#TRUTH
I AM GRATEFUL FOR THESE TRUTHS

PERFECTLY ORDINARY MOMENTS I'M THANKFUL FOR

Date __ / __ / __

....

....

....

....

....

....

....

....

Date __ / __ / __

....

....

....

....

....

....

....

....

Date __ / __ / __

Date __ / __ / __

Date __ / __ / __

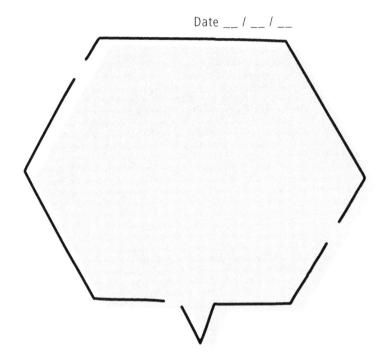

I'M GRATEFUL FOR OPPORTUNITIES
TO SERVE OTHERS

I'M GRATEFUL FOR SOFTENED HEARTS & RECONCILIATION

Date __ / __ / __

ONE CHERISHED MEMORY

Date __ / __ / __

LEADERS WHO HAVE INSPIRED ME

Date __ / __ / __

Meaningful relationships from
each decade of my life

JOY IS
NOT IN
THINGS.
IT IS
IN US.

Richard Wagner

JOYFUL PEOPLE   Date __ / __ / __

....

....

....

....

....

....

....

THINGS THAT MAKE ME REJOICE !

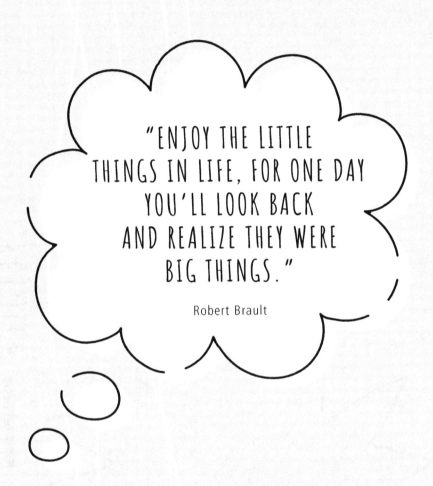

SOME OF THE LITTLE THINGS...

....

....

....

....

Date __ / __ / __

〜〜〜〜〜〜〜〜〜

....

....

....

....

MORE LITTLE THINGS ON ANOTHER DAY

Date __ / __ / __

PERFECTLY ORDINARY MOMENTS I'M THANKFUL FOR

Date __ / __ / __

....

....

....

....

....

....

....

....

Date __ / __ / __

....

....

....

....

....

....

....

....

Date __ / __ / __

Date __ / __ / __

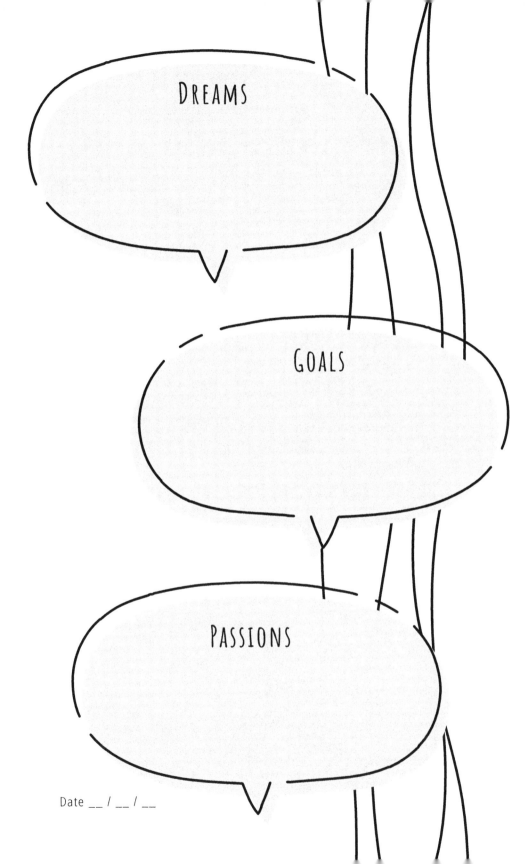

DREAMS

GOALS

PASSIONS

Date __ / __ / __

EACH DAY HOLDS
THE POSSIBILITIES
FOR GREAT DISCOVERIES
& HIDDEN JOY.

AN OPPORTUNITY TO SERVE OR CARE FOR OTHERS   Date __ / __ / __

....

....

....

....

....

....

....

Date __ / __ / __

SOMETHING I'M PASSIONATE ABOUT

Date __ / __ / __

I'M GRATEFUL FOR THE SEASONS

Date __ / __ / __

Date __ / __ / __

Date __ / __ / __

Date __ / __ / __

I'M GRATEFUL FOR MY COMMUNITY BECAUSE...

Date __ / __ / __

....
....
....
....
....

I'M GRATEFUL FOR
MY ROOTS

Date __ / __ / __

Things that bring me comfort

Date __ / __ / __

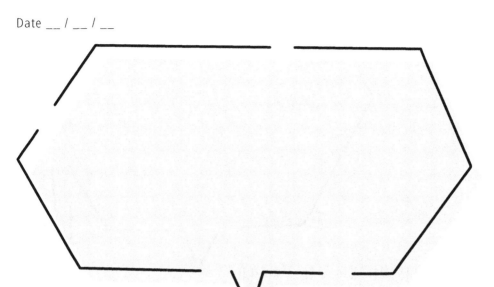

My favorite way to care for others

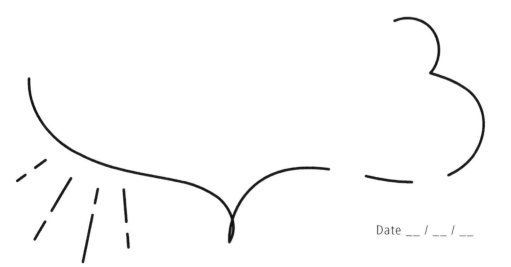

Date __ / __ / __

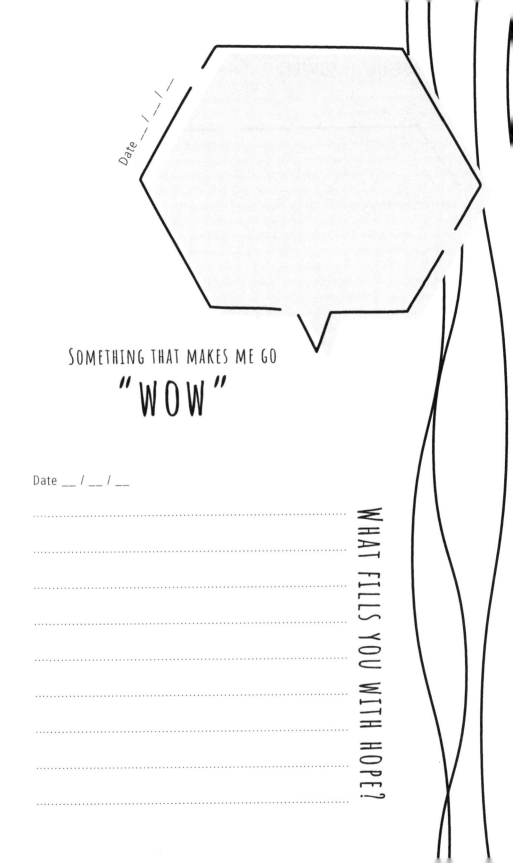

Date __ / __ / __

SOMETHING THAT MAKES ME GO

"WOW"

Date __ / __ / __

....
....
....
....
....
....
....
....

WHAT FILLS YOU WITH HOPE?

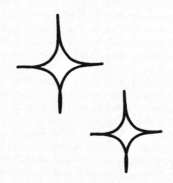

"I WOULD MAINTAIN

THAT THANKS

ARE THE HIGHEST

FORM OF THOUGHT;

AND THAT GRATITUDE

IS HAPPINESS

DOUBLED

BY WONDER."

G.K. Chesterton

DOODLE

PERFECTLY ORDINARY MOMENTS I'M THANKFUL FOR

Date __ / __ / __

....

....

....

....

....

....

....

Date __ / __ / __

....

....

....

....

....

....

....

....

Date __ / __ / __

Date __ / __ / __

"The essence
of all
beautiful art,
all great art,
is gratitude."

Friedrich Nietzche

I'M GRATEFUL FOR THE
BEAUTY OF NATURE BECAUSE

Date __ / __ / __

NATURE MAKES ME FEEL

Date __ / __ / __

Date __ / __ / __

THOUGHTS OF GRATITUDE
FROM A WALK I TOOK TODAY

Date __ / __ / __

....

....

....

....

....

....

....

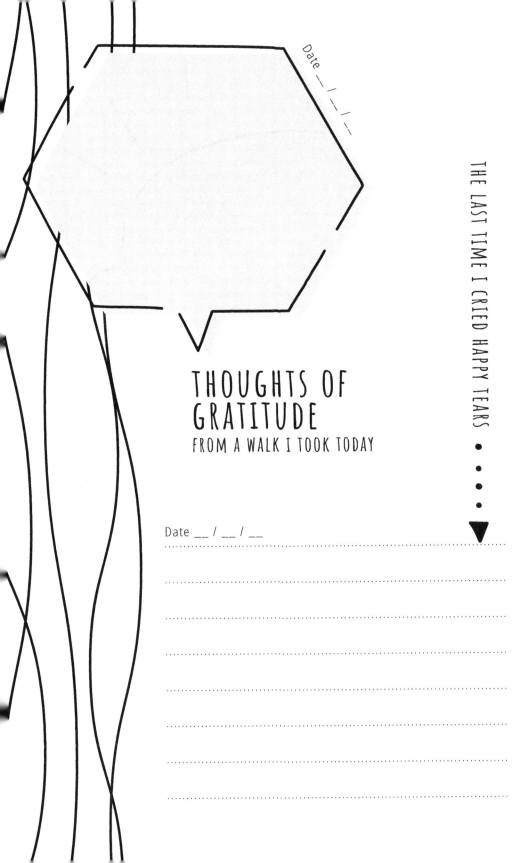

A RELATIONSHIP I CHERISH (AND WHY)

Date __ / __ / __

WHEN I LOOK UP AT THE SKY I FEEL...

Date __ / __ / __

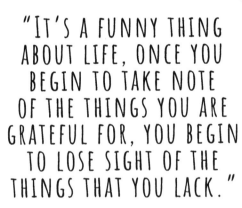

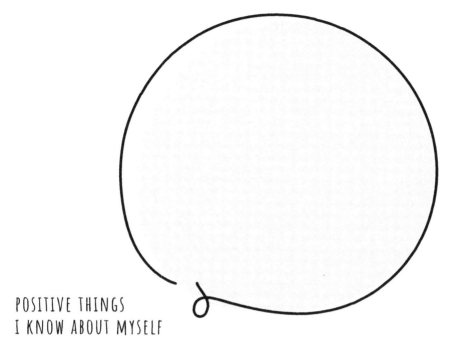

POSITIVE THINGS
I KNOW ABOUT MYSELF

Date __ / __ / __

WHAT INSPIRES ME

....
....
....
....
....
....
....

Date __ / __ / __

PERFECTLY ORDINARY MOMENTS I'M THANKFUL FOR

Date __ / __ / __

....

....

....

....

....

....

....

....

Date __ / __ / __

....

....

....

....

....

....

....

....

Date __ / __ / __

Date __ / __ / __

DOODLE

DREAM

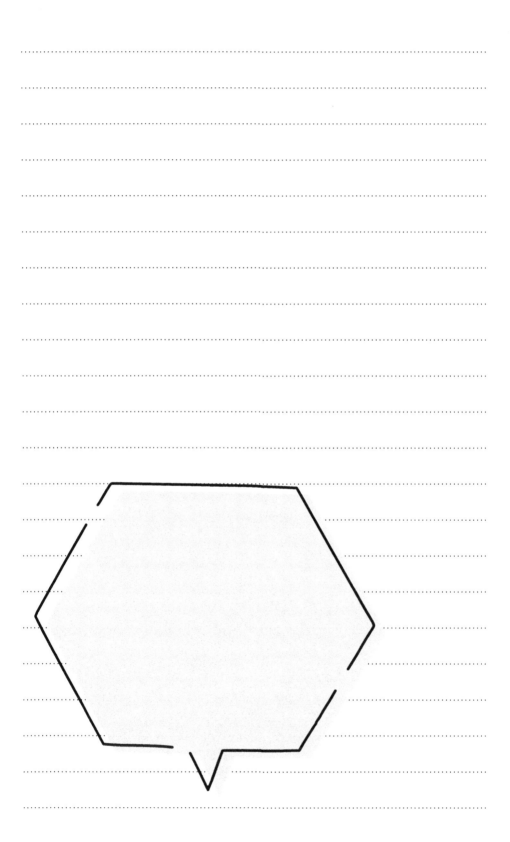

DOODLE

REJOICE

WISH

DOODLE

IMAGINE

WRITE, JOURNAL, MAKE A LIST—WHATEVER YOU WISH

THANK YOU.

I'm a graphic designer and writer, and my favorite thing to do is create products that help others write, create, and pray. I'm grateful for your purchase and hope you will check out my other books, journals, and more at **kellyostanley.com**.

If you enjoyed this journal, please consider leaving a positive review on Amazon. If you have suggestions for improvements, please email kellyostanley@gmail.com.

purple aardvark
PUBLISHING